Noch eine Geschichte bitte!

Inhalt

Daniela Kulot

Noch eine Geschichte bitte!

Sechs Bilderbuchgeschichten

Thienemann

Nasebohren ist schön

»Nasebohren ist schön«,
sagt Elefant.

Und Maus, das Nachbarskind,
findet das auch.

Nur Frosch, der darf das nicht,
sagt seine Mama.

Deshalb geht Frosch
zu Elefant und Maus und fragt:
»Wisst ihr, warum Nasebohren verboten ist?«
»Keine Ahnung«, sagt Elefant.
»Weiß auch nicht«, sagt Maus.
»Das finden wir jetzt heraus«, ruft Frosch.
»Wir fragen gleich mal meine Mama!«

»Warum ist Nasebohren für Frösche verboten?«,
fragen Frosch, Elefant und Maus.
»Da bleibt der Finger in der Nase stecken«,
sagt Frau Frosch,
»und geht niiie wieder raus!«

Dann gehen sie zu Papa Maus.
»Ist Nasebohren bei den Mäusen auch verboten?«,
fragen Frosch, Elefant und Maus.
»Aber ja«, sagt Papa Maus,
»gerade Mäuse können davon eine entsetzliche
Nasenspitzenwurzelentzündung bekommen.«

Zuletzt gehen sie zu Mama Elefant.
»Dürfen Elefanten auch nicht in der Nase bohren?«,
fragen Frosch, Elefant und Maus.
»Auf gar keinen Fall«, sagt Mama Elefant,
»bei Elefanten kann davon der Rüssel abbrechen,
und der wächst nicht wieder an!«

»Wie furchtbar, wie schrecklich, wie grauenhaft!
Dann sollten wir nie wieder nasebohren«,
sagen Frosch, Elefant und Maus.
Und das versprechen sie sich auf dem Weg
zurück zum See.

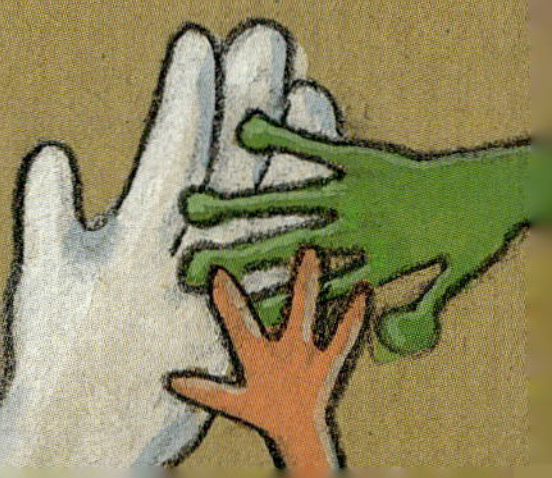

Doch je länger sie über all das nachdenken,
desto weniger können sie es glauben.
»Vielleicht ist Nasebohren gar nicht so gefährlich,
wie unsere Eltern sagen«, meint Frosch.
»Kommt, wir fragen lieber mal die Großeltern dort!«

Aber als sie bei den Großeltern ankommen,
was sehen sie da?
»Die bohren ja auch in der Nase!!!«

Tao
Te
King

»Dann stimmt das gar nicht,
was unsere Eltern erzählt haben«, schimpft Maus.
»Ich bekomme vom Nasebohren
gar keine Nasenspitzenwurzelentzündung.«
»Und der Rüssel von Elefant
bricht davon auch nicht ab«, ruft Frosch.
»Und der Finger von Frosch
bleibt nicht in der Nase stecken!«, sagt Elefant.

»Dann können wir ja wieder nasebohren«,
sagen Frosch, Elefant und Maus.
Das tun sie auch
und es ist schöner als je zuvor!

Tausche kleine Schwester gegen ...

Benni hat eine kleine Schwester. »Die ist ja sooo süß!«,
sagen alle – außer Benni. Der findet das nicht.
Seit seine kleine Schwester Tinchen da ist, heißt Benni
nicht mehr Benni, sondern Benjamin. Er ist jetzt der große Bruder
und muss öfter mal auf Tinchen aufpassen.

Heute ist schon wieder so ein Tag.
»Also gut«, brummt Benni, »wir bauen Holztürme.«
WUMMMMM – Tinchen fährt mitten hinein.
Ist das ätzend!

»Man sollte einen Knopf haben und sie ausschalten können«, denkt Benni, »wie das Raumschiff mit der Fernsteuerung von Micha. Mannomann – Micha hat's echt gut. Der hat keine kleine Schwester.« Da fällt Benni etwas ein. Schnell, ans Telefon!

»Hallo, Micha, ich möchte gern dein Raumschiff mit der Fernsteuerung haben, du kriegst dafür meine Schwester.« Micha will eigentlich schon gern eine kleine Schwester haben. Aber jetzt gleich? Und dafür sein tolles Raumschiff hergeben? »Nein, lieber nicht.« »Du bekommst noch eine Schokolade dazu und drei Lakritzschnecken.« »Das klingt schon besser«, überlegt Micha. »Also gut, wir tauschen.«

Benni ist schon unterwegs, mit Tinchen,
einer Schokolade und drei Lakritzschnecken.
Und Micha wartet auch schon.
Mit dem Raumschiff in der Hand.

»Super!«, sagt Benni, als er das Raumschiff nimmt,
und »Süüß!«, sagt Micha, als er die Schokolade,
die drei Lakritzschnecken und Tinchen nimmt.

Benni fliegt gleich los.
Zuerst die Treppen hinauf. Das ist klasse!

Und zu Hause durch das ganze Zimmer ...

Oh, Mist! Genau in die Ritterburg hinein,
die er mit Papa gebaut hat. Alles kaputt!

Und dann fährt das Raumschiff auch noch unter den Sessel
und kommt von allein nicht mehr raus.

Jetzt fährt Benni nur noch ganz vorsichtig.
Ein bisschen vorwärts, ein bisschen rückwärts.
Aus – ein. Ein – aus.
»Mensch, ist das laaaaangweilig!«

Aus – ein. Schnurrrrr …,
noch mal in die Ritterburg hinein.
So was Doofes!
Da war’s mit Tinchen doch viel besser.

Und Micha?
Der findet auch, dass es mit Tinchen viel besser ist.
Mit Tinchen Türme bauen, das ist super.
Und Türme umwerfen noch viel mehr!

Gerade will Micha Tinchen sein allerschlimmstes
King-Kong-Gesicht zeigen, da klingelt es an der Tür.

Es ist Benni.
»He, Micha, ich will Tinchen wiederhaben!
Dein Raumschiff ist doof und stinklangweilig.«

»Nee«, sagt Micha, »Tinchen kriegst du nicht.
Getauscht ist getauscht – wiederholen ist gestohlen!«

Da fängt Tinchen auf einmal an zu weinen.
Erst leise und dann immer lauter.

»Und was machen wir jetzt?«, fragt Micha.
»Kann man sie nicht einfach ausschalten?«
Benni überlegt. »Doch«, sagt er dann.
»Das kann man schon. Aber das geht nur bei uns zu Hause.«

»Einverstanden«, sagt Micha
und zusammen bringen sie Tinchen nach Hause.

Dort legt Benni Tinchen in ihr Bett.
Tinchen brüllt und brüllt.
»Und wo ist jetzt der Knopf zum Ausschalten?«, fragt Micha.

»Hier«, sagt Benni und drückt auf den kleinen
roten Knopf auf der Spieluhr über dem Bett.
Die Musik beginnt zu spielen und Tinchen hört auf zu schreien.

»Puuh!«, sagen Micha und Benni wie aus einem Mund.
»Das ist ja gerade noch mal gut gegangen.«
»Und wann bekomme ich Tinchen wieder zurück?«, fragt Micha.

»Gar nicht«, sagt Benni,
»zurückgegeben ist zurückgegeben –
wiederholen ist gestohlen.

Aber du kannst ja immer zu uns kommen.
Und dann können wir zu dritt einen Ausflug machen
und in deinem Raumschiff zum Mars fliegen!«

Balduin und Gundula

Balduin hat eine Mama,
die setzt sich abends mit ihm aufs Sofa und
erzählt ihm wunderschöne Geschichten.

Balduin hat eine Mama,
die lässt nachts die Zimmertür
einen Spaltbreit offen,

damit er noch ein wenig die leisen Geräusche
hören kann, die Mama draußen macht.

Balduin hat eine Mama,
die geht morgens mit ihm zum Kleiderschrank,

und er darf sagen, was er anziehen will.

Balduin hat eine Mama,
die isst sein Frühstücksbrot auf,
wenn er schon satt ist.

Balduin hat eine Mama,
die steckt seine Kuschelente
nicht in die Waschmaschine,
auch wenn sie noch so schmutzig ist.

Balduin hat eine Mama, die hilft ihm, einen Brief
an seine Freundin Gundula zu schreiben.

GUNDULA
KOMM
BITTE!

Das ist Gundula.

Gundula hat einen Papa,
der bindet ihr jeden Morgen
ein neues Schleifchen ins Haar.

Le Frog

Gundula hat einen Papa,
der schaut kurz weg, wenn mal was passiert.

Gundula hat einen Papa, der klebt zwei Pflaster auf die Knie, auch wenn gar nichts wehtut.

Gundula hat einen Papa,
der liest ihr den Brief von Balduin vor:
»Gundula, komm bitte!«

Gundula hat einen Papa,
der lässt sie schon auf seinem Feuerstuhl mitfahren,
damit sie schnell zu Balduin kommt.

Denn Balduin hat eine Mama,
die freut sich riesig,
wenn Gundula und ihr Papa kommen.

Denn Balduin hat eine Mama,
die macht für Gundula und ihren Papa
und für Balduin eine Party.

Denn Balduin hat eine Mama,
die bringt Balduin und Gundula ins Bett
und erzählt ihnen eine wunderschöne Geschichte.

Und Balduin hat eine Mama,
die lässt die Zimmertür einen Spaltbreit offen,

damit Balduin und Gundula noch ein wenig
die leisen Stimmen von Mama und Papa hören können.

Ein kleines Krokodil mit ziemlich viel Gefühl

Seit Tagen läuft Krokodil ruhelos umher.
Mal ist ihm kalt,

mal ist ihm heiß,

mal ist er zu Tode betrübt,

mal könnte er vor Glück die ganze Welt umarmen.
Klarer Fall: Krokodil ist verliebt.

Aber wie das fast immer so ist, wenn man verliebt ist,
gibt es da ein kleines Problem.

Diejenige, in die er verliebt ist,
ist nämlich Giraffe.

Und Giraffe ist sehr, sehr groß.
Das allein hätte Krokodil ja gar nicht gestört.
Aber als er Giraffe neulich sein allerschönstes Lächeln
schenken wollte, sah sie ihn nicht einmal.

»Ich müsste größer sein«, überlegte Krokodil.

»Wenn ich auf Stelzen gehe,

sieht sie mich bestimmt.«

Doch ausgerechnet an diesem Tag war Giraffe mit dem Fahrrad unterwegs. Und Krokodils allerschönstes Lächeln blieb ganz und gar ungesehen.

»Ich werde hoch oben auf der Brücke Kunststückchen machen«, dachte Krokodil. »Dann beachtet sie mich ganz bestimmt.«

Doch ausgerechnet da hatte die Freundin
von Giraffe etwas sehr Wichtiges zu erzählen.
Und Krokodils Kunststückchen blieben
ganz und gar unbeachtet.

»Ich werde auf ihren Lieblingsbaum klettern und ihr von dort aus ein paar Blätter zum Essen reichen«, überlegte Krokodil und kaufte, um auch alles richtig zu machen, noch ein paar ganz besonders feine Blättchen dazu.

Doch ausgerechnet an diesem Tag hatte Giraffe schlimmes Halsweh. Sie hatte einen Knoten im Hals und gar keinen Appetit. Sie kaufte sich Gurgelwasser und schenkte ihrem Lieblingsbaum, und damit auch Krokodil, keinen einzigen Blick.

Aber Krokodil gab nicht auf.
»Ich werde ihr ein Liebeslied spielen,
dann schaut sie ganz bestimmt zur Tür herein.«

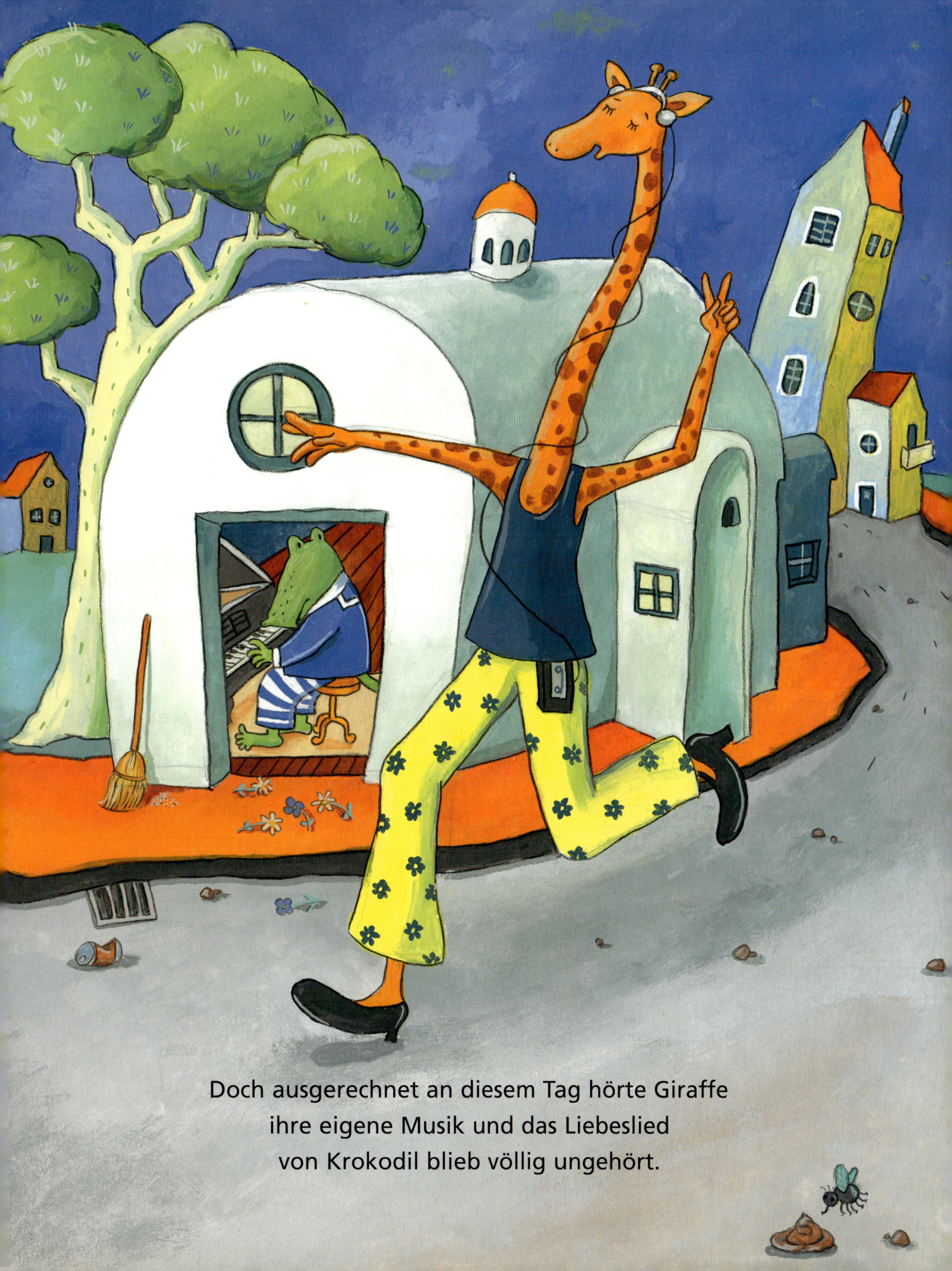

Doch ausgerechnet an diesem Tag hörte Giraffe
ihre eigene Musik und das Liebeslied
von Krokodil blieb völlig ungehört.

»Ich hab's!«, dachte Krokodil.
»Ich werde ihren Kopf mit dem Lasso einfangen und nach unten ziehen. Dann muss sie mich ja sehen.«

Doch als Krokodil das tat, erschrak Giraffe so sehr,

dass sie den Kopf ruckartig wieder nach oben zog

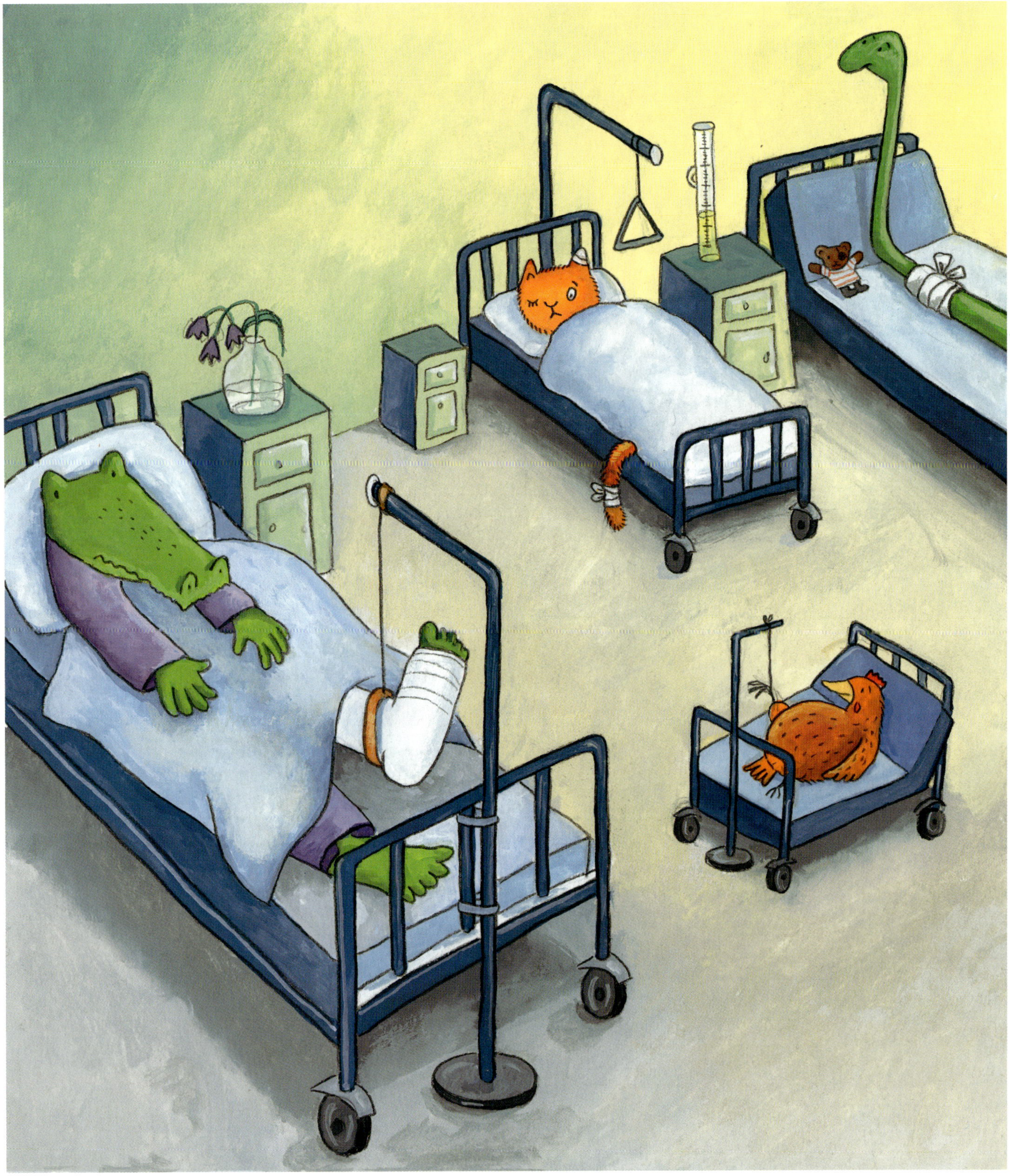

und Krokodil damit ins Krankenhaus beförderte.

Und als er aus dem Krankenhaus wieder einigermaßen
heil herausgekommen war, hatte er alle Hoffnung aufgegeben.
Niemals würde er Giraffe sein allerschönstes Lächeln schenken können.
Traurig ging er nach Hause.

Doch plötzlich machte es bumms, knall, rumms
und Krokodil fiel zu Boden.

Und als er wieder zu sich kam, sah er Giraffe vor sich liegen.
»En…, Entsch…, Entschuldigung!«, sagte Giraffe.
»Ich habe dich völlig übersehen.«

Da saßen sie nun mit einer Menge Sternchen um den Kopf.
Und als sie sich gegenseitig ansahen, mussten sie so lachen,
dass es beiden ganz warm ums Herz wurde.

Da sagte Krokodil: »Was für ein Glück,

dass du mich übersehen hast!«
»Ja«, sagte Giraffe, »sonst hätte ich niemals
dein wunderschönes Lächeln gesehen.«

Herr Schnäufel findet einen Freund

Erzählt von Hortense Ullrich

Das ist Herr Schnäufel.
Er hat hageldünne Beine.
Aber die sieht man nicht, denn er trägt stets einen langen Mantel.
Er hat drei rosa Haare auf dem Kopf,
aber die sieht man auch nicht, denn er trägt stets eine Mütze.

Und Herr Schnäufel hat einen Flugschal.
Den sieht man aber,
denn den hat er immer um den Hals gebunden.
Ein Flugschal ist genau das, wonach es klingt: ein Schal zum Fliegen.
Wenn man diesen Schal trägt, kann man fliegen.
Egal, ob man Flügel hat oder nicht.

Herr Schnäufel ist sehr stolz darauf, dass er fliegen kann.
Und jemand, der fliegen kann, sollte doch eigentlich sehr froh sein, denkt man. Aber Herr Schnäufel war nicht froh.
Ganz und gar nicht. Im Gegenteil, Herr Schnäufel war schlecht gelaunt.
»Alle haben einen Freund. Nur ich nicht«, schimpfte er,
»das ist nicht fair.«

Dass Herr Schnäufel keinen Freund hatte, war nicht seine Schuld. Sein Baum war daran schuld. Herr Schnäufel wohnte nämlich in einem der seltenen Wanderbäume. Mal auf der Wiese, mal im Wald. Je nachdem. Je nachdem, wo der Baum gerade hinwanderte. Denn der Baum war ein sehr eigenwilliger Baum. Er lief in der Gegend umher. Nur so. Weil er es eben kann. Deshalb hatte Herr Schnäufel keinen Freund. Denn wer ständig umzieht, dem bleibt kaum Zeit, mit jemandem Freund zu werden. Herr Schnäufel fand das gar nicht gut. Aber was sollte er tun? Nachdenken und eine Idee haben.

Herr Schnäufel dachte nach. Er dachte, dachte und dachte, und dann kam ihm die Idee: Er würde die Dachwohnung seines Wanderbaumes vermieten. Er würde einen Untermieter suchen. Genau genommen würde es ein *Übermieter* sein. Weil er ja über Herrn Schnäufel wohnen sollte. Dann hätte Herr Schnäufel einen Freund für immer.

Viele kamen und wollten Herrn Schnäufels Untermieter sein.
Aber Herr Schnäufel schüttelte immer nur den Kopf.
Nein. Nicht der Richtige.

Herr Schnäufel suchte einen ganz bestimmten Freund.
Er wollte einen Freund, der fliegen kann.
Aber es kam niemand, der fliegen konnte.
Herr Schnäufel war sehr enttäuscht.
Seine schöne gute Idee! Alles umsonst!
Traurig legte er sich ins Bett.

Als er am nächsten Morgen aus seinem Wanderbaum hinausging, rannte er gegen eine dicke Eiche, die am Abend zuvor noch nicht dort gestanden hatte. »Autsch!«, rief er ärgerlich und hielt sich seinen Schnäufel.
Aber als er sah, wohin sein Wanderbaum über Nacht gewandert war, schlug sein Herz höher: Er stand mitten in einer Rabenkolonie! Einen Raben als Freund! Ja, das wäre perfekt! Denn Raben können fliegen.

Etwas abseits, ganz alleine für sich, saß ein kleiner Rabe und las in einem Buch.
»Der sieht nett aus«, dachte Herr Schnäufel und lief zu ihm.
»Guten Tag, mein Name ist Schnäufel und ich bin ein Schnäufel.«
»Guten Tag, mein Name ist Rabe und ich bin ein Schnabel“, stotterte der Rabe überrascht. »Ähm, nein, Entschuldigung, ich meine natürlich: Mein Name ist Schnabel, ich bin ein Rabe.«
»Wenn du ein Rabe bist, werde ich dich auch Rabe nennen«, sagte Herr Schnäufel.
»Geht klar«, nickte der Rabe.
»Ich kann fliegen«, prahlte Herr Schnäufel.
»Ich kann lesen«, krächzte der Rabe.
»Das macht nichts«, meinte Herr Schnäufel, »möchtest du mein Untermieter sein?«
»Was kostet das?«, wollte der Rabe wissen.
»Nichts. Aber es wäre toll, wenn du mein Freund werden würdest.«
»Kann ich machen. Rein zufällig habe ich nämlich gerade keinen Freund.“

»Wo ist die Wohnung?«, fragte der Rabe.
Herr Schnäufel deutete auf die Spitze des Wanderbaums. »Da oben.«
»Oje«, sagte der Rabe erschrocken. »Ich dachte, die Wohnung wäre unten. Du hast doch gesagt, du suchst einen Untermieter.«
»Oben ist die Aussicht besser«, rief Herr Schnäufel fröhlich.
Der Rabe wurde etwas verlegen und meinte: »Es gibt da ein Problem ...«
»Ach was«, winkte Herr Schnäufel ab, »jemand, der fliegen kann, hat keine Probleme. Ich möchte nämlich meinen Wanderbaum nicht mit jemandem teilen, der nicht fliegen kann.«
Da schluckte der Rabe und hielt den Schnabel.

Herr Schnäufel und der Rabe verstanden sich prächtig. Sie hatten vieles gemeinsam: Beide mochten keine Würmer und Käfer zum Tee, sondern lieber Schokoladenkekse. Sie sangen gerne laute Lieder und vergaßen immer wieder, dass man sich die Zähne putzen muss, bevor man schlafen geht. Sie waren der Meinung, dass Monster unters Bett gehören und man Hexen nicht küssen sollte. Und beide liebten Himbeereis mit Mayonnaise.
Sie waren richtig froh, dass sie so gute Freunde geworden waren.

Damit sich der Rabe auch ja bei ihm wohlfühlen würde, ließ Herr Schnäufel den Raben bestimmen, was sie so den lieben langen Tag tun.
Am liebsten setzte sich der Rabe hin und las. Stundenlang.
Das war ja mauselangweilig, fand Herr Schnäufel. Wenn der Rabe wenigstens laut vorgelesen hätte ... aber so! So konnte es nicht weitergehen.
»Heute machen wir einen Ausflug!«, rief Herr Schnäufel deshalb.

»Oh ja, ich ziehe nur noch schnell meine Wanderschuhe an«,
freute sich der Rabe.
»Aber wozu denn, wir fliegen doch!«
»Das wusste ich nicht", sagte der Rabe enttäuscht.
»Aber ich habe doch Aus*flug* gesagt und nicht Aus*lauf*.«
»Dann lieber nicht«, krächzte der Rabe.
»Oh doch! Heute bin ich mal dran.
Ich darf bestimmen, was wir machen.
Und ich bestimme, dass wir fliegen.
Wenn du mein Freund sein willst,
musst du auch mit mir fliegen",
rief Herr Schnäufel ganz aufgebracht.
»Ich hab ja bisher auch alles gemacht,
was du wolltest.«

»Na gut«, gab der Rabe schnell nach, denn er wollte Herrn Schnäufel auf keinen Fall als Freund verlieren. »Aber bitte flieg nicht so schnell. Und nicht so hoch!«

Herr Schnäufel nickte und flog los. Immer ganz knapp über den Bäumen entlang und ziemlich langsam.

Der Rabe hüpfte hinterher. Erst einen Baum hoch und dann von Ast zu Ast, und von Baum zu Baum, immer hinter Herrn Schnäufel her. Und wenn Herr Schnäufel sich mal nach dem Raben umguckte, flatterte der Rabe schnell mit seinen Flügeln.

Als die beiden von ihrem Ausflug zurückkamen, war der Rabe ziemlich erschöpft und Herr Schnäufel ziemlich sauer. »Du bist nicht geflogen, du bist nur gehüpft. Das habe ich genau gesehen. Hüpfen gilt nicht, das ist unfair. Nie machst du, was ich will. So einen Freund brauche ich nicht!«

Der Rabe krächzte:
»Ich kann ja wieder ausziehen.«
Herr Schnäufel sagte nichts.
Da zog der Rabe aus.

Jetzt war Herr Schnäufel wieder alleine und er fühlte sich einsam.
Er vermisste den Raben. Obwohl der Rabe nie mit ihm geflogen ist,
war es doch schön, ihn als Freund zu haben.
Aber bitte, wenn der Rabe nicht mehr sein Freund sein wollte,
dann würde sich Herr Schnäufel eben einen neuen Freund suchen.

Herr Schnäufel wurde immer trauriger.
Noch trauriger als vorher, als er noch gar keinen Freund hatte.

Eines Nachts wanderte Herrn Schnäufels Wanderbaum wieder zur Rabenkolonie. Herr Schnäufel war mächtig froh, als er das sah. Dann aber wurde er trotzig und meinte, er würde nie und nimmer den Anfang machen, der Rabe solle sich bei ihm entschuldigen.
Aber der Rabe kam nicht. Er kam ganz lange nicht. So lange, dass Herr Schnäufel ganz ungeduldig wurde und dann doch selbst zu den anderen Raben ging und nach seinem Freund fragte.

Leider wusste keiner, wo der kleine Rabe war.
»Traurige Sache, mit dem kleinen Raben«, krächzten die Raben.
»Ja, ich vermisse ihn auch«, gab Herr Schnäufel zu.
»Nein, dass er nicht fliegen kann.«
»Er kann nicht fliegen?«, fragte Herr Schnäufel ungläubig. »Aber er ist doch ein Rabe. Alle Raben können fliegen.«
Die Raben zuckten die Flügel.
»Er nicht. Deshalb lachen ja alle über ihn und keiner will sein Freund sein.«
»Aber er kann lesen!«, verteidigte Herr Schnäufel den Raben.
»Na und?«, krächzten die Raben.
»Fliegen können ist viel wichtiger.«
»Seid ihr da ganz sicher?«, fragte Herr Schnäufel.
»Klar«, krächzten die Raben und flogen davon.

Herr Schnäufel machte ein nachdenkliches Gesicht. Er hatte ein ganz schlechtes Gewissen, weil er ja immer gesagt hatte, dass er nur jemanden zum Freund haben will, der fliegen kann. Das muss den Raben ziemlich traurig gemacht haben. Vielleicht ist fliegen können doch nicht so wichtig, wie er immer geglaubt hatte. Schließlich waren sie ja mal richtig gute Freunde gewesen, obwohl der Rabe nicht fliegen kann.

Herr Schnäufel machte sich schleunigst auf den Weg, seinen Freund zu suchen. Nun war es noch wichtiger, den Raben zu finden, weil Herr Schnäufel sich dringend beim Raben entschuldigen wollte. Herr Schnäufel suchte und suchte. Aber kein Rabe weit und breit.

Und langsam wurde es dunkel.
Eine dicke Träne rollte an Herrn Schnäufels Schnäufel entlang, und dann sah er ihn: Ganz traurig und alleine saß sein Freund, der Rabe, da. Er war so traurig, dass er noch nicht einmal las. Und dauernd musste er sich schnäuzen.

»Es tut mir so leid!«, rief Herr Schnäufel dem Raben schon von Weitem zu. Der Rabe sprang auf und lief Herrn Schnäufel entgegen. Und sie umarmten sich und mussten abwechselnd lachen und weinen. Aber geweint haben sie nur vor lauter Freude.

»Mir tut es auch leid«, krächzte der Rabe. »Ich hätte dir die Wahrheit sagen sollen. Aber ich hatte Angst, dass ich dann nicht bei dir wohnen darf.«
Herr Schnäufel schämte sich. Dann sagte er: »Macht doch nix, dass du nicht fliegen kannst. Dafür kannst du lesen.«

Der Rabe zog wieder zu Herrn Schnäufel in den Wanderbaum. Herr Schnäufel baute für den Raben extra eine Wendeltreppe, damit der Rabe bequem in seine Wohnung hüpfen konnte. Jeden Tag machte der Rabe mit Herrn Schnäufel einen Ausflug. Jawohl, sie flogen zusammen, denn Herr Schnäufel teilte seinen Flugschal mit seinem Freund.

Und wenn sie abends müde vom Fliegen zurückkamen, las der Rabe Herrn Schnäufel immer noch eine Gute-Nacht-Geschichte vor. Und Herr Schnäufel war sehr froh, dass er jetzt einen Freund für immer hatte.

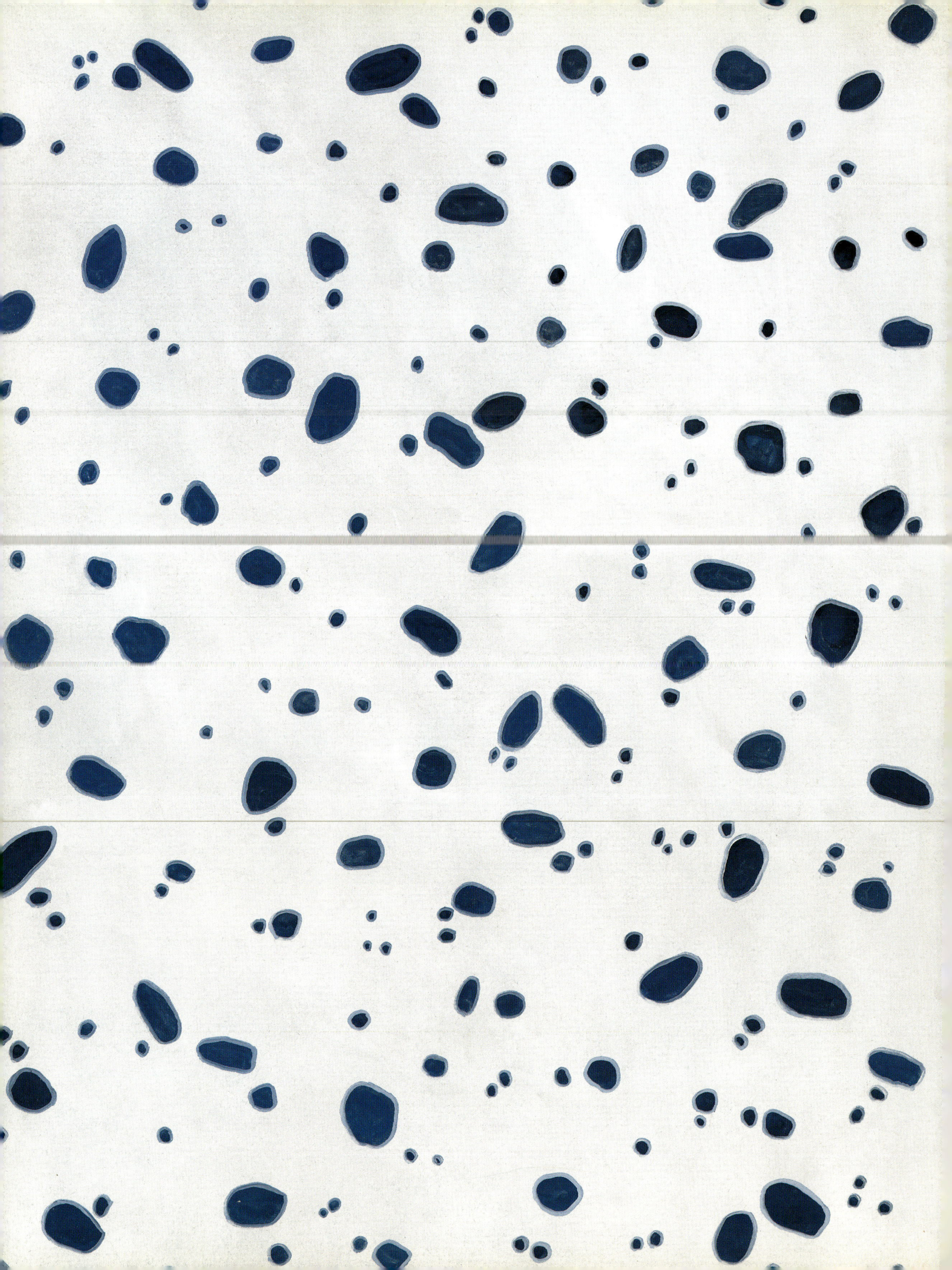

Uns kriegst du nicht

Hobbel und Knobbel sind die besten Freunde,
die man sich vorstellen kann.
Wenn sich Hobbel abends manchmal fürchtet,
liest ihm Knobbel eine schöne Geschichte vor
und alles ist wieder gut.

Und wenn es Knobbel mal langweilig ist,
dann spielt ihm Hobbel Theater vor
und beide lachen sich kaputt.

Oder wenn sich Hobbel beim Rübenernten schwertut, hilft ihm Knobbel, und kurz darauf gibt es ein wunderbares Festmahl am See.

Eines Morgens sitzen Hobbel und Knobbel wieder am See.
»Wie ist das Leben schön!«, schnurrt Knobbel.
»Und zu zweit ist es noch viel schöner«, seufzt Hobbel.
Da raschelt es hinter ihnen im Gebüsch.

»Was war das?«, fragt Hobbel.
»Komm, wir sehen mal nach«, sagt Knobbel.
Sie schieben die Äste beiseite …

... und da steht Hasso,
der Hund aus dem Nachbardorf.

»Nichts wie weg!«, schreit Hobbel.
»Rette sich, wer kann!«, schreit Knobbel.
»Hinterher!«, knurrt Hasso.

Hasso ist schnell. Er kommt immer näher.

Da denkt Knobbel: »Wenn ich Hobbel jetzt loslasse, könnte ich mit meinen scharfen Katzenkrallen auf einen Baum springen. Alleine könnte ich Hasso entwischen. Besser, einer kommt davon, als keiner.«

»Hilfe, er fasst uns!«

Und Hobbel denkt: »Wenn ich Knobbel jetzt loslasse, könnte ich mit meinen flinken Hasenbeinen viel schneller laufen. Alleine könnte ich Hasso entwischen. Besser, einer kommt davon, als keiner.«

Schon sind Bäume in Sicht.
Und tatsächlich –

sie lassen ihre Hände los.
Hobbel läuft links am Baum vorbei
und Knobbel rechts.

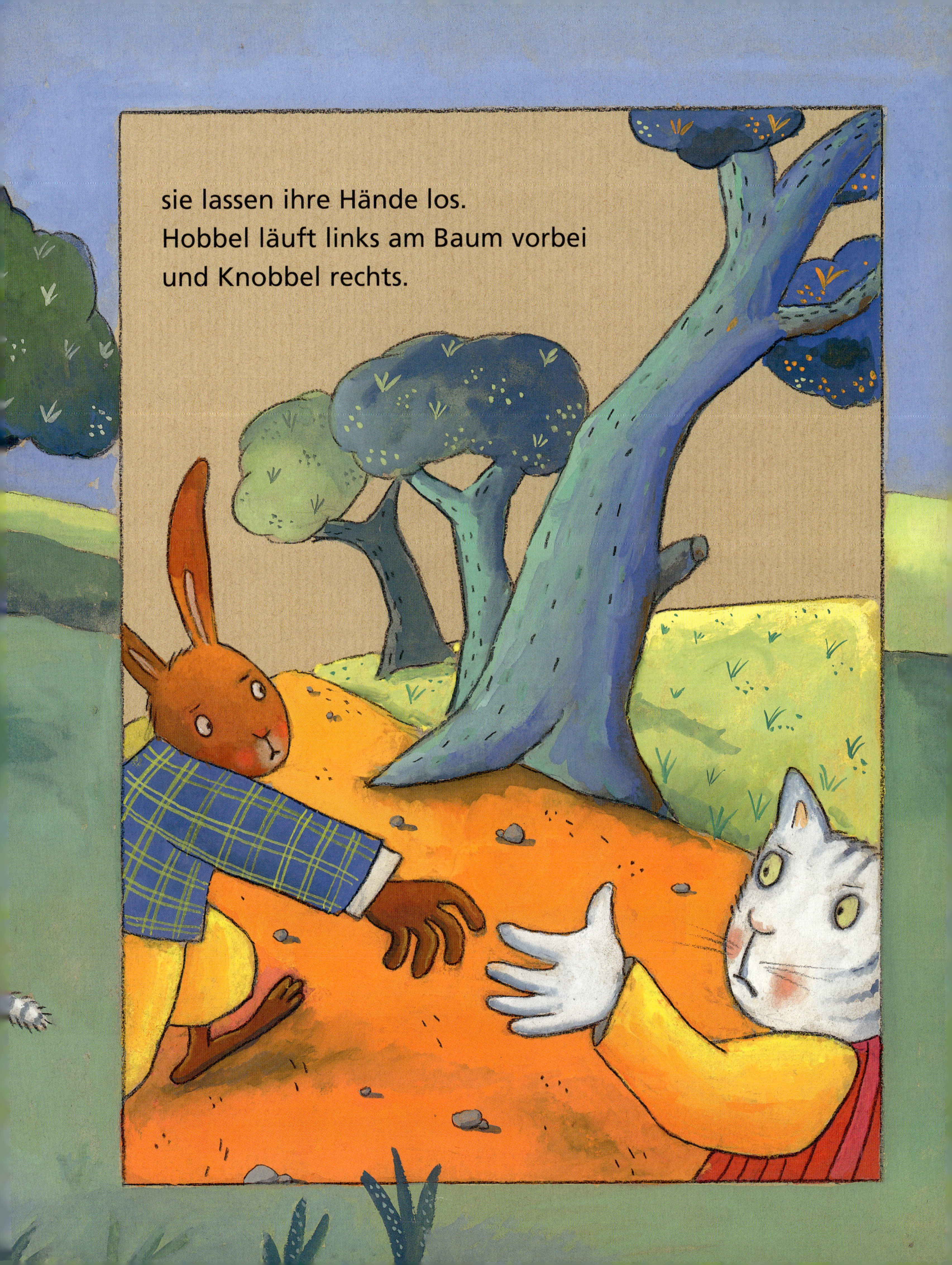

Doch als Knobbel die Hand von Hobbel nicht mehr spürt,
denkt er: »Wie konnte ich Hobbel nur loslassen!
Wenn Hobbel nicht mehr da ist, wem soll ich dann abends
auf dem Sofa vorlesen? Dann bin ich ganz allein
und das Leben ist nicht mehr schön.«

Und Hobbel denkt: »Wie konnte ich Knobbel nur loslassen! Wenn Knobbel nicht mehr da ist, wem soll ich dann Schattentheater vorspielen? Dann bin ich ganz allein und das Leben ist nicht mehr schön.«

Da sehen sich Hobbel und Knobbel in die Augen.
»Wenn wir es schaffen, dann schaffen wir es zu zweit!«
Und das geht nicht nur ins Herz, das gibt auch Kraft.

Hand in Hand laufen sie so schnell sie können.
Hasso bleibt weit hinter ihnen.
Endlich sehen sie die rote Haustür offen vor sich.

Doch Hobbel und Knobbel bleiben vor der Tür stehen.
»Jetzt habe ich sie alle beide!«, knurrt Hasso und
springt auf sie zu.

Da weicht Hobbel nach links aus
und Knobbel nach rechts.
Hasso springt mitten durch die
Tür, ins Haus hinein.

Schnell schließen Hobbel und Knobbel
die Tür und drehen den Schlüssel um.
»Uns kriegst du nicht!«, jubeln sie.
»Uns kriegst du nicht!«

Und vor Freude tanzen sie ums Haus herum.
»Zu zweit haben wir es geschafft – Hand in Hand!«

»Und weißt du, was das Beste ist?«, flüstert Knobbel Hobbel ins Ohr.
»Nein, was denn?«, fragt Hobbel.
»Dass uns so etwas nicht noch einmal passieren kann, denn ...

… seit heute haben wir
einen Wachhund im Haus.«

Daniela Kulot, 1966 im oberbayerischen Schongau geboren, hat schon seit frühester Kindheit auf allem gemalt und gezeichnet, was ihr in die Finger kam. Die vielen Bilderbücher, die ihre Tante E. ihr mitbrachte, weckten den Wunsch: »Das will ich auch machen!« An der Fachhochschule Augsburg, wo sie später Gestaltung studierte, hieß es: »Bilderbücher will hier jeder machen, vergiss es!« Jetzt lebt sie in Augsburg und macht Bilderbücher, die durch ihren fröhlichen und eigenwilligen Humor unverwechselbar sind.

Von Daniela Kulot sind bei Thienemann auch folgende Bilderbücher erschienen:

Das kleine Krokodil und die große Liebe
Krokodil und Giraffe – ein richtig echtes Liebespaar
Socke und Flocke
Mama hat was mitgebracht
Drei beste Freunde (Thienemanns Quatschgeschichten)

Kulot, Daniela:
Noch eine Geschichte bitte!
Sechs Bilderbuchgeschichten
ISBN 978 3 522 43567 3

Der Text »Herr Schnäufel findet einen Freund« stammt von Hortense Ullrich.

Einbandtypografie: Michael Kimmerle
Schrift: Frutiger, Cochin
Reproduktion: Photolitho AG, Gossau/Zürich
Druck und Bindung: Himmer AG, Augsburg

5 4 3 2 1° 07 08 09 10

www.thienemann.de
www.daniela-kulot.de